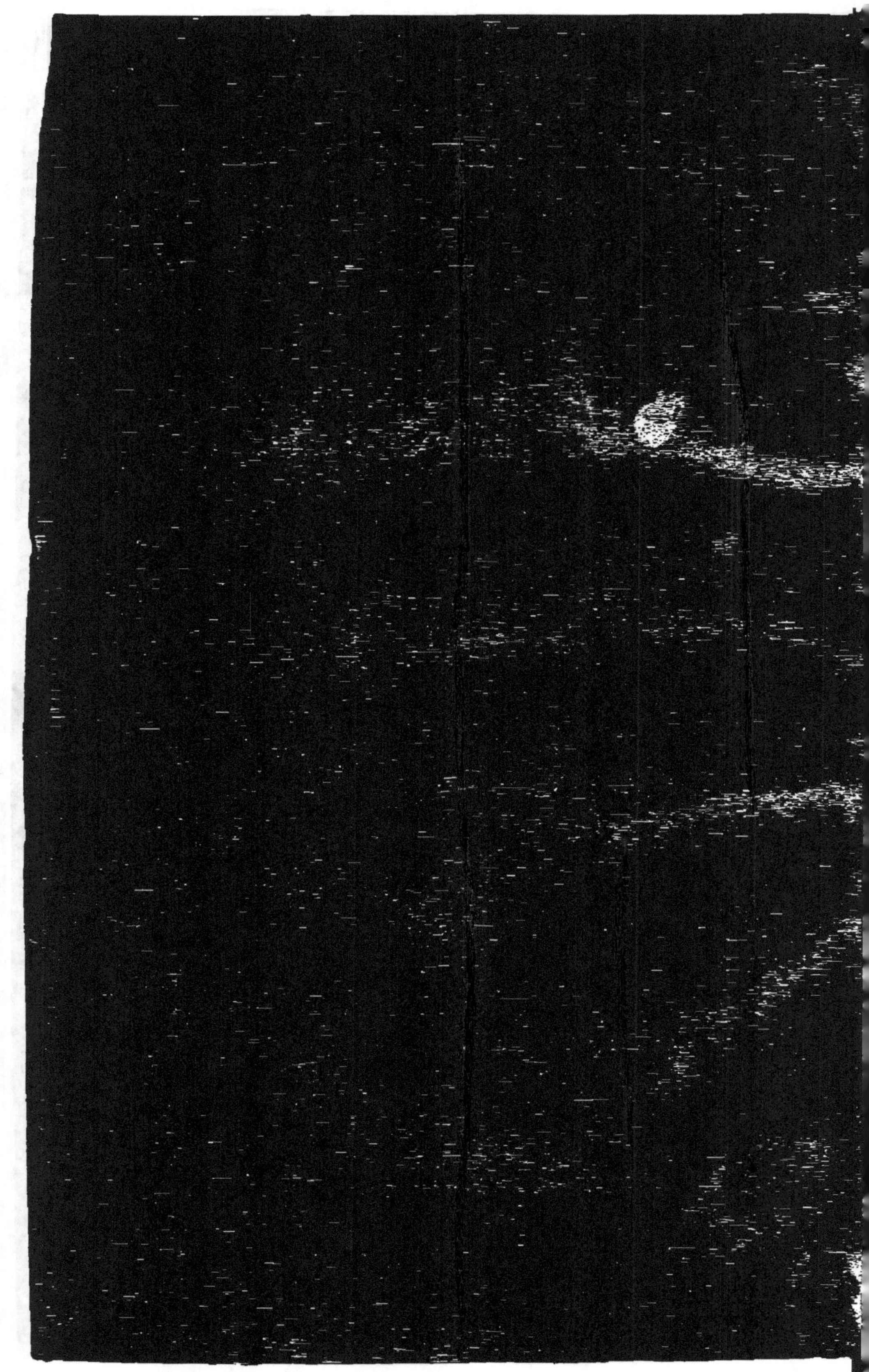

DE

PARIS A SUEZ

COURTES NOTES DE VOYAGE

PARIS

LIBRAIRIE ADMINISTRATIVE DE PAUL DUPONT
45, RUE DE GRENELLE-SAINT-HONORÉ, 45

1867

A MONSIEUR

ADOLPHE FOULD

DÉPUTÉ AU CORPS LÉGISLATIF

Hommage de reconnaissance

et de respectueux dévouement.

PAUL BOESWILLWALD

Paris, le 1er Janvier 1867

DE PARIS A SUEZ

I

Une gracieuse obligeance m'avait invité à faire partie d'une charmante caravane de gens distingués qui se proposaient de faire une rapide excursion à travers l'Égypte : je me gardai de refuser, et je ne fais ici que transcrire les notes succinctes de mon carnet pour consacrer le souvenir d'un voyage intéressant et d'aimables compagnons.

Partis de Paris le 3 février au matin, l'express nous déposait à la Seyne, vis-à-vis Toulon, le lendemain à dix heures. Nous nous rendîmes de suite au port et une chaloupe à vapeur nous porta à bord du *Gharbieh*, bâtiment que le vice-roi d'Égypte avait commandé aux ateliers des

Messageries Impériales, en lui donnant le nom d'une de ses provinces. Ce bâtiment, de forme élégante et fine, annonçait une marche rapide. Nous fûmes reçus par les officiers, et à midi nous étions déjà attablés devant un déjeuner des mieux servis. Chacun fit honneur à la table des Messageries, d'autant plus que le navire était encore à l'ancre. Après le déjeuner, les personnes qui nous avaient accompagnés prirent congé de nous et nous restâmes au nombre de quatorze passagers. La machine chauffait; à une heure trente-cinq minutes l'ancre était levée et nous commencions à nous éloigner de la terre de France.

A peine sortis du goulet, nous fûmes balancés par la houle, qui ne nous quitta qu'après avoir traversé le détroit de Bonifacio. La nuit nous empêcha de voir les rives de la Corse.

Au lever du jour nous aperçûmes derrière nous les côtes de Sardaigne; le temps annonçait devoir être magnifique, la brise était faible et la mer calme; nous marchions avec une grande rapidité. On fit l'inspection du navire, inspection que nous avions commencée dès notre arrivée à bord.

De temps à autre, on s'inquiétait de la vitesse avec laquelle nous allions, pressé que l'on était d'arriver à voir terre, malgré tout le bien-être que nous avions rencontré, et on s'engageait dans nombre de calculs pour supputer le jour de notre arrivée, quand nous pourrions donner de nos nouvelles, etc. A ce sujet nous avions été devancés par un capitaine des Messageries qui, nous ayant rencontrés en mer, télégraphia à Paris, aussitôt son arrivée à Marseille, qu'il nous avait aperçus en bonne route et dans les meilleures conditions possibles. C'est ce que nous apprirent plus tard nos lettres. Malgré la lecture, la musique, le superbe spectacle de la pleine mer, la société agréable qui vous entoure, les journées sont longues, même à bord des beaux paquebots des Messageries; aussi les repas sont-ils fréquents pour tuer un peu l'appétit et beaucoup le temps.

Devant être le lendemain matin en face des iles Lipari et du détroit de Messine, on se promit de se lever de bonne heure afin de voir le plus qu'on pourrait du grand spectacle qui devait s'offrir à nos regards. Le 5 donc, de bon matin, nous passions le Stromboli, volcan isolé au milieu des eaux, et dont la cime laissait échapper quelques vapeurs blanches; à neuf heures nous traversions le détroit de Messine après avoir aperçu les côtes Nord de la Sicile et la tête de l'Etna, dont nous devions voir le pied de l'autre côté du détroit.

Quel splendide panorama! la Calabre, l'extrémité de la botte à gauche, à droite les montagnes de Sicile parsemées de petits villages et de petites villes étincelants de blancheur au soleil radieux. C'est là que je vis pour la première fois ce que les marins appellent ingénieusement une mer d'huile; la surface de l'eau, d'un ton bleu, était gauffrée; le navire semblait glisser sur elle, la troublant à peine de son sillage.

En vue de Messine, on hissa le nom du bâtiment, et on signala notre passage. Messine paraît assez étendu mais sans profondeur aucune, on en distinguait fort bien les maisons, la place de l'église, les rues. Nous ne fîmes malheureusement que passer, pressés qu'étaient nos compagnons de démontrer au vice-roi la rapidité de son navire, en faisant la plus courte traversée de Marseille à Alexandrie. Nous perdîmes la vue de la terre une heure après. C'était alors pour trois jours : les officiers du bord prétendirent apercevoir l'île de Candie; mais je crois que c'est par habitude de reconnaître sa position.

Le vendredi, à trois heures du matin, nous étions devant le port d'Alexandrie; il nous fallut attendre le jour, la passe étant difficile et très-étroite. Nous ramenions de Marseille le pilote du vice-roi envoyé en France pour attendre le départ du bateau. Il parlait très-bien l'anglais et avait fait ce jour-là grande toilette. Nous entrâmes sans difficulté et, à peine à l'ancre, nous fûmes assaillis par une foule d'embarcations toutes plus avariées les

unes que les autres et montées par des indigènes
en haillons. C'étaient les premiers Égyptiens que
nous voyions et l'impression qu'ils nous faisaient
n'était pas flatteuse pour eux; ils nous regardaient
en nous invitant des gestes et de la voix à leur
confier notre personne et nos bagages pour les
porter à terre. Ils allèrent même jusqu'à envahir
le bâtiment, au point qu'on posta les mousses aux
écoutilles pour empêcher l'abordage. Nous at-
tendîmes près d'une heure que le service de
santé égyptien fût venu reconnaître l'état du bord.
Inutile de dépeindre les employés de ce service;
chez nous on les eût pris pour des mendiants.
Enfin on mit le canot du capitaine à l'eau et nous
quittâmes le bâtiment.

II

Le soleil était déjà chaud, l'air d'une pureté
inconnue. Le port d'Alexandrie n'offre pas à l'œil
un panorama frappant : sauf le grand nombre de
navires couvrant la rade et masquant presque la
ville, on ne voit à gauche qu'un palais appartenant à la famille royale, sur l'extrême droite une
autre résidence et quelques minarets; au fond du

port ensablé l'aiguille de Cléopâtre; à l'extrémité
de la ville, dominant l'horizon, la colonne de
Pompée. Après avoir passé à travers tous ces navires, on nous débarqua au milieu d'indigènes
déchargeant du charbon. Là déjà le type de ces
manœuvres nous frappa; mais, au sortir du
magasin à charbon, nous nous trouvâmes jetés
dans une rue où chameaux, baudets, chevaux,
voitures, se traînaient sans aucun ordre, au milieu des cris que poussaient les conducteurs et
passants pour se faire place. Nous croyions être
en carnaval : pas deux têtes de la même couleur,
toutes les nuances depuis le blanc jusqu'au noir
d'ébène; les uns à peine vêtus, et c'était le plus
grand nombre, les autres couverts de costumes
aux couleurs variées auxquelles le soleil ajoutait
encore par son éclat. Ce spectacle de l'Orient dans
sa réalité nous tenait ébahis au point de ne pas
vouloir avancer, tant le tableau nous surprenait.
Nous montâmes en voiture, le panorama conti-
nuant à se dérouler jusqu'à l'hôtel français où
nous descendîmes; ma langue nationale et le
repas me rappelèrent à moi-même. Nous avions
traversé des rues étroites et effondrées où les voitures bondissaient plutôt qu'elles ne roulaient, et
la place des Consuls, vaste espace, entouré de
belles constructions à l'européenne, bordé de
trottoirs, et planté de sycomores. Deux bassins

qui n'ont encore été baignés que par l'eau du ciel, ornent les extrémités de cette place; on aperçoit quelques palmiers et l'on butte contre quantité d'indigènes étendus la face contre terre; mais ce qui frappe le plus c'est le grand nombre de costumes européens et de chapeaux noirs, si déplacés sous ce climat. Nous nous échappâmes quelques instants pour voir la place du marché dans le quartier arabe. C'était vraiment un spectacle surprenant : devant une vieille mosquée en ruine, dont les arcades s'affaissent les unes contre les autres, dont le minaret seul révèle encore la destination, étaient étalés des fruits du pays, des poissons, de la viande, du pain, enfin toutes sortes de vivres que les mouches assiégeaient sans être dérangées et que le soleil cuisait sans obstacle.

Des femmes veillaient sur cet étalage qu'elles époussetaient de temps à autre. Leur costume est peu varié de couleur en comparaison de celui des hommes. Il se compose d'un pantalon large indigo et d'une chemise de même nuance tombant jusque sur les talons et ouverte sur la poitrine; un voile bleu recouvre toute leur personne. Une bande d'étoffe noire, appelée *burcko*, prenant au-dessous des yeux et n'ayant que la largeur du visage, descend jusqu'aux pieds. Ce burcko, s'attachant aux oreilles, est retenu au droit du nez par une agrafe en cuivre qui se fixe au voile, de sorte que, ne voyant du visage de la femme que les deux yeux séparés par cette agrafe, il est impossible de les reconnaitre.

C'est le costume des femmes du peuple. Elles portent presque toutes des bracelets en argent, suspendent des sequins au bord de leur burko, qui, du reste, est leur seul porte-monnaie, car elles serrent leur argent dans un nœud qu'elles font au bas. Elles ont les pieds nus, tatoués ainsi que les mains, et teignent leurs ongles avec du henné.

Toutes ne sont pas voilées ; alors ce sont de grands anneaux suspendus aux oreilles, des sequins, du corail autour du cou ; comme collier un grand cercle en argent dont je n'ai pu comprendre l'usage (car, étant un luxe presque général, cet objet doit avoir une signification), d'autres ont une des ailes du nez traversée par un petit anneau, la lèvre inférieure teinte en indigo ; de petites fleurs font sentir la ligne du coude au poignet et viennent dessiner sur la main la décoration d'un gant.

Elles poussent le goût de cet ornement jusqu'à séparer les seins par une ligne de petites fleurs, toujours de la même couleur.

Je fus frappé tout d'abord par ces marchandes, n'ayant jamais vu de femmes égyptiennes, tandis que je soupçonnais le costume des hommes. Il fallait cependant s'arracher à ce spectacle, devant repartir ce jour même pour le Caire ; nous gagnâmes donc l'hôtel, puis la gare.

La gare est primitive comme installation. Ce sont des bois de charpente soutenant une large toiture. On ne reconnaît pas les bureaux des salles d'attente, on ne voit aucun employé ; tout le monde entre, va, vient sans que personne vous arrête, et cependant, à ce que j'entendis plus tard, jamais un Arabe ne prendrait place sans avoir son billet. Les wagons de bagages sont inconnus : vous prenez un compartiment de voyageurs pour les abriter.

Nous quittâmes Alexandrie à quatre heures de l'après-midi, et le soir nous couchions au Caire, après avoir traversé en wagon d'abord des landes, puis des plaines bien cultivées, des villages peuplés, et assisté au merveilleux coucher du soleil d'Égypte.

Je n'entendais plus rien, tant j'ouvrais les yeux pour admirer ces couleurs vives du ciel, regarder aux stations ces physionomies arabes toujours calmes, souriantes par moment, et laissant voir des rangées de dents d'un blanc d'autant plus éclatant que le reste du visage leur sert de repoussoir.

J'appris, pendant ce trajet, combien l'Égyptien tient à l'argent.

Du reste c'est, dans le cas présent, tout à fait à l'avantage du voyageur. Ainsi, vous désirez rester seul dans votre compartiment; en descendant de voiture vous laissez comprendre à un Arabe quelconque qui se trouve sur la chaussée, que vous lui donnerez quelque monnaie s'il ne laisse monter personne; l'indigène s'acquitte si bien de sa mission qu'il va jusqu'à chercher le chef de train (il faut être né dans le pays pour le reconnaître) et fait fermer la portière à clé, puis il vous attend, une longue badine à la main : de cette façon vous êtes sûr d'être seul pendant tout le trajet. Les stations sont peu nombreuses; en Égypte on enferme encore les voyageurs; c'est le système anglais, la ligne ayant été établie par une compagnie de cette nation.

La nuit tombée, à mon grand regret, il me fallut attendre le lendemain pour me reconnaître. Le gaz n'existe pas en Égypte, faute de charbon; le seul éclairage consiste en des bûches résineuses brûlant dans des falots, sur un bâton fixé en terre ou porté par un indigène. Cette lumière vacillante et rougeâtre produit un singulier effet.

Arrivés au Caire, nous montâmes dans une calèche qui me parut semblable à celles que j'avais vues en France; le cocher seul était indigène et se démenait sur son siége comme un possédé, criant, excitant ses chevaux de la voix, du fouet, pour prévenir quelque accident dans l'obscurité.

Je m'aperçus, à la lueur des lanternes, que nous roulions sur une chaussée large, bordée d'arbres et de quelques habitations à l'européenne, chaussée qui se continua jusqu'à l'hôtel.

III

Le matin de bonne heure nous fûmes dans la rue. Nous restions à l'Esbekieh; autrefois un lac, cette place est aujourd'hui couverte d'arbres ; on a même essayé de faire un jardin entouré d'une grille, mais, comme il n'arrive que trop souvent aux monuments de l'Orient, le soubassement seul en est achevé. Les constructions qui bordent l'Esbekieh sont modernes, quelques-unes ont été élevées sur d'anciennes fondations ; les rez-de-chaussée conservent encore des portes et la disposition arabes. Nous avions fait quelques pas de l'autre côté de la place, lorsque nous vîmes à la fenêtre de son balcon M. de Lesseps, dont le nom est si souvent prononcé en France, et à qui le monde devra un jour le percement de l'isthme des Pharaons.

Désirant voir le plus possible, nous décidâmes
d'aller parcourir la ville des tombeaux, un des
restes les plus curieux de l'ancienne architecture
arabe, et où l'on ressent la première impression
du désert. La course est un peu longue, et nous
la fîmes à l'égyptienne. Tout le long de l'Esbekieh stationnent des baudets et leurs conducteurs. Ce sont pour ainsi dire les petites voitures du pays. Les Égyptiens font presque toutes
leurs courses à dos de baudet ; cette monture est
commode autant que peu coûteuse, et la race asine
égyptienne est renommée pour sa beauté et ses
qualités de docilité, de sobriété, de vigueur et de
vitesse. Certains de ces animaux atteignent des
prix considérables et constituent une fortune pour
leurs possesseurs.

Nous enfourchâmes aussitôt ces nobles cour-
siers. J'étais à peine en selle que ma monture prenait le galop, et que vingt pas après elle s'abattait ;
j'avais passé par dessus sa tête. Les chemins ne
sont heureusement pas pavés, ils sont même couverts d'une épaisse poussière. L'ânier me donna
une bête plus forte et plus grande. Les étriers,
dont les Arabes usent rarement, ne sont pas fixés
à la selle ; c'est une courroie placée sur le bât, de
sorte qu'on est constamment en équilibre, et qu'ils
ne servent qu'à reposer le pied. Nous marchions
rapidement. Mais quelle surprise, lorsque nous

arrivâmes à la Grand'rue! Ce que nous avions
vu à Alexandrie, comme costume, comme mouvement, n'est rien en comparaison de la circulation
du Caire.

Les rues étant très-étroites, on est obligé de se
ranger à chaque instant contre les boutiques ou
bazars qui les bordent, pour laisser passer les
voitures, calèches à deux chevaux comme
celles que nous voyons au bois de Boulogne;
les cochers seuls sont indigènes. Tous les équi-
pages sont précédés d'un, ou même de plusieurs coureurs, ou saïs, armés d'un long bâton
blanc. Ces vélocipèdes sont chargés de faire faire
place aux voitures qu'ils devancent toujours, quel
que soit le train dont elles aillent. C'est un luxe
d'avoir les plus beaux, les mieux vêtus et les plus
infatigables.

L'ânier du Caire est un type; intelligent, gai,
parlant quelques mots de toutes les langues (nous
en rencontrâmes même un qui, nous entendant
parler allemand, nous dit : *landsmann*, compa-
triote), serviable, infatigable. Il tient une baguette qu'il polit sur l'échine de sa bête, et
pousse un cri tout particulier du fond du gosier
pour exciter l'animal. Il vous précède ou vous
suit et fraye le passage.

Des hommes vêtus de toutes sortes d'étoffes;
des femmes, la tête chargée d'un panier ou d'une

amphore, portant parfois encore à cheval sur l'épaule un enfant nu comme un ver, sauf un bracelet à la cheville ou au poignet ; des cavaliers, de petites charrettes ; une troupe de baudets dont on ne voit plus que la tête sous une énorme botte de luzerne, et qu'on a peine à écarter de son chemin ; des chiens ne se dérangeant que sous le coup d'une canne ; une file de chameaux, chargés de pierres, et qui laissaient tomber sur nous un doux regard d'étonnement, tout cela au milieu des cris de : *Shemalak ! yemalin !* (A ta droite ! à ta gauche !) poussés par chaque conducteur, des coups de fouet et des injures que s'adressent les cochers du haut de leurs siéges.

Sortis sains et saufs de ce désordre, nous prîmes sur notre droite une rue couverte de roseaux couchés sur des poutres qui portent d'un côté à l'autre. La lumière du jour tamisée ainsi, quelques rares ouvertures laissant pénétrer un faisceau lumineux, produit les effets du prisme sur toutes ces boutiques, chargées, depuis le bas jusqu'au haut, d'objets de toute sorte et des couleurs les plus variées. Nous ne nous y arrêtâmes cette qu'au retour, car nous étions trop troublés par quantité de choses aussi diverses qu'étranges pour juger des détails. Après bien des détours enfin, nous sortîmes du Caire par une grande porte plein-cintre, flanquée de deux grosses tours crè-

nelées; c'est la porte *Bab el nasr* (du Secours).
Nous traversâmes un des cimetières actuels de la
ville. Les tombes arabes sont formées de deux
massifs de maçonnerie se retraitant l'un sur l'autre, et blanchis à la chaux. Aux extrémités sont
deux cippes couronnés en forme de turban. Généralement le nombre de cippes indique le nombre
des personnes enterrées à la même place. On en
remarque dont les cippes sont couverts d'arabesques en couleurs, mais sans aucun intérêt; ils indiquent que le défunt a fait le pèlerinage de la
Mecque.

Puis nous ne vîmes plus devant nous qu'une
plaine de sable jusqu'à l'horizon, au fond duquel
nous apercevions, dominés par des dunes, un
grand nombre de coupoles, de minarets surmon-
tant des massifs de maçonnerie. C'étaient les mosquées recouvrant les restes des califes fatimites
et princes mameluks qui régnèrent sur l'Égypte
aux treizième et quatorzième siècles.

A mesure que nous approchions, nous étions
surpris de trouver sur notre droite, au milieu de
la solitude et du plus grand calme, une ville, de
beaux monuments, des coupoles toutes couvertes
d'arabesques variées, des minarets rivalisant de
finesse et d'élégance, des monceaux de décombres
provenant des mosquées écroulées, et, au fond, la
citadelle du Caire, sa mosquée et ses deux ai-

guilles, qui paraissent de grands màts vénitiens.

Mais, en arrivant, on est peiné de voir l'abandon qui aide à la ruine de toutes ces belles choses, la négligence qui laisse s'écrouler des pans de murs entiers, tomber les couronnements des minarets, sans même chercher à soutenir, si ce n'est à restaurer, tous ces documents précieux pour l'art et l'histoire. Je dirai même qu'on a poussé l'indifférence jusqu'à faire d'un de ces tombeaux une poudrière.

Nous visitâmes la mosquée du sultan Barkauk. Entrés par une porte secondaire, nous pénétrâmes à travers deux corridors dans une grande cour entourée, au nord et au sud, de portiques simples donnant sur des logements, à l'est et à l'ouest, de portiques à trois nefs. Le centre de la cour est occupé par une fontaine et un bassin pour les ablutions.

Les mosquées sont orientées. Le portique est, le plus important, donne accès de chaque côté à deux salles où reposaient, dans celle nord, les restes du sultan, et, dans celle sud, ceux de sa famille. Ces salles, carrées à la partie inférieure, dont les parois ne sont formées que de bandes de marbre de différentes couleurs, retrouvent la forme circulaire au moyen de pendentifs. C'est un encorbellement successif de quarts de coupole.

Entre les pendentifs sont trois fenêtres plein-cintre surmontées de trois ouvertures circulaires; au-dessous règne un cordon de petites fenêtres. Le tout est couvert d'un dôme en pierre, entièrement décoré d'arabesques.

Le dallage est en marbre. Les claveaux des arcs composent un jeu de patience, tant les joints offrent de formes irrégulières.

Des cloisons à jour, de bois tourné et assemblé, séparent ces dernières du portique. Au milieu de celui-ci, adossée au mur, est une chaire avec escalier en pierre d'un travail de sculpture et d'arabesques ravissant.

Les chaires arabes sont des sortes de trônes élevés auxquels on monte par un escalier dont l'entrée est fermée de portes en bois recouvert de bronze, fixées aux pieds droits d'une arcade.

Les arcs du portique, en ogive, soutiennent de petites calottes sphériques en briques et reposent sur des piles carrées. Ces dernières ont dû être épaulées pour en prévenir la ruine. Des pièces de bois formant chaînage relient toutes ces piles et empêchent leur écartement. Des lampes y sont suspendues.

Toute la construction a été élevée par assises réglées d'un calcaire alternativement blanc et rouge.

D'ailleurs, les faces des murs ne présentent

qu'un revêtement, l'intérieur étant composé de blocage.

A l'extérieur, les murs sont percés de petites baies en ogive sans aucune décoration.

La destination de ces monuments n'était pas uniquement de servir de tombeaux; ils offraient l'hospitalité aux voyageurs comme chez nous les abbayes. C'étaient en outre des espèces de collé-ges où l'on enseignait la religion, l'histoire et les lettres.

Malheureusement, la rapidité avec laquelle ces merveilles nous passaient sous les yeux ne me permit pas d'emporter d'autre souvenir que des notes.

Nous revînmes au Caire, dont nous nous mîmes à visiter les curieux monuments.

IV

La citadelle présente une masse imposante dont les tours, les entrées, les murs sont largement dé-corés; elle donne sur la grande place de Rou-meyleh, où se tient un marché de chevaux, de baudets et de chameaux. On y rencontre aussi de jeunes Arabes, comme chez nous les saltimbanques, débitant mille bouffonneries au public qui les entoure, des montagnes russes, de petits théâtres.

Nous pénétrâmes dans la citadelle par une porte que défendent des tours et des machicoulis. Après plusieurs circuits nous étions devant la mosquée.

Cette mosquée, fort en renom chez les Arabes, est de construction moderne ; Méhémet-Ali la fit élever.

On nous fit chausser des babouches en paille pour nous empêcher d'en souiller l'intérieur. Nous entrâmes dans une grande cour toute pavée de marbre et entourée d'une galerie sans valeur artistique.

Du portique extérieur, la vue est magnifique : à gauche les tombeaux des Califes, à droite le cimetière de l'Iman en face une colline *Gebel el Moquatam* ; en se retournant, le Caire, ses mosquées, ses dômes, ses minarets, ses rues tortueuses, étroites, qui se coupent et se replient, ses terrasses percées toutes d'une lucarne, puis l'aqueduc, le vieux Caire, la mosquée Amrou, la plus ancienne, le Nil, et à l'horizon, les pyramides de Gizeh. C'est un admirable panorama ; mais il faut un œil bien exercé pour reconnaître les mosquées à leur minaret et se retrouver dans tous ces filets noirs qui sont les rues du Caire. Nous allâmes ensuite au puits de la Citadelle que les Orientaux regardent comme une chose digne d'admiration. Ce puits, destiné à pourvoir aux besoins de la place, n'a pas moins de 88 mètres de profondeur. Cette hauteur se divise en deux étages. Des bœufs placés à chacun d'eux, élèvent l'eau, les uns du fond du puits au premier étage, les autres de cet étage à la partie supérieure, et cela au moyen d'une sakieh, ou roue à chapelet de pots de terre. On descend au premier étage par une pente douce, de deux mètres de largeur qui est éclairée par de petites baies percées dans un mur de trente centimètres d'épaisseur. Là on rencontre une plate-forme où se trouve une écurie. Un escalier moins large et sans garde-fou mène à la partie inférieure. Le tout a été creusé dans le roc ; la partie qui s'élève au dessus de terre est seule en maçonnerie. Nous descendîmes de la citadelle par la voie dans laquelle les mameluks furent massacrés sur l'ordre de Méhémet-Ali. Cette voie est encaissée entre deux murs très-élevés et l'on vous montre celui par-dessus lequel s'échappa sain et sauf dit-on, un des mameluks en le franchissant à cheval ; il a vingt mètres de haut. Nous sortîmes par la porte des Janissaires sur la place de Roumeyleh, nous nous trouvions en face la mosquée du sultan Hassan.

Cette mosquée construite par assises réglées, successivement blanches et peintes en rouge, présente une porte d'entrée prenant toute la hauteur du monument, et surmontée d'une corniche construite par encorbellement de petites niches, le tout couronné d'une découpure en forme de fleurs de lys.

Après avoir gravi plusieurs marches, on arrive dans un grand vestibule et, par deux corridors en retour d'équerre, dans la cour de la mosquée. C'est un principe de l'arabe de ne jamais laisser voir du dehors ce qui se passe à l'intérieur ; il s'applique tant aux édifices religieux que particuliers. Ce but est rempli par les deux corridors que nous rencontrons presque partout. L'intérieur s'élève sur le plan d'une croix grecque : quatre salles ouvertes sur la cour. Le pavé de cette dernière est en mosaïque de marbre. Au centre se trouve un bassin entouré de colonnes soutenant un hémisphère couronné d'un croissant. Les salles sont voûtées en berceau, s'appuyant sur des arcs de forme ogivale ; elles sont de grande dimension ; celle du fond est plus vaste et possède la chaire, une tribune, la niche indiquant l'orient et de chaque côté de cette niche, deux portes en bronze appliqué sur bois, d'une richesse de lignes et de décoration surprenante. Ces portes donnent accès à la salle du tombeau, construction semblable en tout point à celle de la mosquée Barkauk. Le long des parois des bras de la croix, sont fixés de petites potences à chacune desquelles se suspend une lampe ; des voûtes descendent en outre une multitude de lampes semblables. Le sol dallé est recouvert de paillassons. La fontaine tombe en ruines ; les pendentifs en bois laissent voir leur squelette de charpente ; le pavé, en mosaïque de marbre, est difficile à reconnaître comme dessin ; les portes de la chaire, gisent aux pieds de leurs gonds ; il est triste de voir que tant de travail, tant d'art, de goût et de richesse soit perdu par un aussi fatal abandon.

Nous retournâmes à l'hôtel par un dédale de rues où je pus admirer les maisons et les monuments publics.

Les maisons présentent beaucoup d'intérêt ; presque partout, excepté dans les constructions modernes, vous trouvez les traces d'une architecture appropriée aux mœurs et au climat. Le rez-de-chaussée, généralement en pierre de taille, est occupé par la boutique et le commerce ; le premier par le chef de la maison et le second par les femmes. Une cour intérieure, entourée d'arcades aveugles, sert de magasin.

Les boutiques ressemblent à de vieilles armoires engagées dans l'épaisseur de la construction, déployant leurs deux ventaux chargés des objets de trafic. Le plancher est à environ soixante centimètres du sol de la rue. Un tapis étendu sert de

siége au marchand, qui fume tranquillement la
chibouque, dit son chapelet ou chante des versets
du Coran en balançant son corps comme un mé-
tronome; ou bien il fait ses comptes

Le premier étage s'avance en encorbellement
sur le rez-de-chaussée et regarde encore sur la
rue au moyen de petites loges saillantes en bois
complétement à jour. Ces loges (*moucharabichs*)
portent des chassis ouvrant, mais toujours de
manière à ce que la personne qui regarde ne soit
pas aperçue du dehors. L'aspect en est très pittoresque, et l'alignement étant heureusement in-
connu, on est surpris à chaque pas. Tantôt une
maison où l'on retrouve des restes de carreaux de
faïence dans les tympans des arcs qui, pour la
plupart, sont inscrits dans une frise carrée; tantôt
un encorbellement robuste, abritant presque la
moitié de la rue, et laissant voir un plafond décoré
d'arabesques, d'étoiles, de débris de peinture;
tantôt une mosquée dont le minaret s'élance
au ciel avec une grâce extrême, et dont la coupole
en forme d'ogive ou de fer à cheval, rappelle à
l'Egyptien la place où sont enterrés ses rois; tantôt une fontaine monumentale, toujours d'architecture arabe, d'une grande délicatesse, et
d'une riche ornementation, quoique hâlée, ternie,
effacée même par le temps. Cependant on retrouve
des traces de couleurs, sur les bois principalement.

Ces fontaines ne sont pas jaillissantes; elles présentent de petits suçoirs en métal auxquels l'Arabe vient aspirer l'eau qui doit le rafraîchir.

Le soir il nous fallut rester à l'hôtel ; c'était l'époque du rhamadan, le carême des Arabes, pendant lequel ils ne s'occupent d'affaires que tant que le soleil luit. Le jour tombé, tout se ferme, ceux qui veulent sortir sont obligés de prendre une lanterne, attendu que les rues ne sont pas éclairées. Quelques lampes brûlent seules au faîte des minarets. Pendant ce temps un coup de canon annonce chaque matin le lever du soleil, un second coup prévient de son coucher. Les Arabes ne prennent de nourriture et ne fument que pendant la nuit, dans l'intervalle de ces deux avertissements. Dans la journée ils se mettent en prière trois fois : le matin, à midi et le soir; le muezzin, sorte de cloche vivante, les invite à la prière du haut du minaret, où il chante quelques versets du Coran.

Le lendemain nous fîmes un tour dans les bazars. Chaque corps de métier habite sa rue. Vous voyez une rue entière de fabricants de babouches, une autre de chaudronniers, d'autres où l'on voit forer des tuyaux de pipe ; le bazar est plus spécialement occupé par les marchands d'étoffes, de tapis, d'objets de luxe, de ceintures, de bouquins d'ambre. Là on rencontre des costumes variés : des hommes vêtus d'un large pantalon, des babouches de cuir jaune aux pieds, une longue robe de couleurs très-éclatantes et serrée à la taille par une large ceinture ; une ample robe de chambre, foncée d'ordinaire, recouvre le tout. Ils sont coiffés du turban.

D'autres, n'ayant qu'un pantalon serré au genou et à la taille et une longue chemise bleue ; des bédouins, le burnous en poil de chameau, rayé brun et blanc, retenu autour de la tête par une corde de même nature et un long fusil en bandoulière ; des femmes ne laissant voir que les yeux au-dessus d'une robe blanche qui leur cache le visage, revêtues d'un manteau de soie noire, les pantalons en soie rose ou bleue ; tantôt une voiture, les stores baissés, précédée d'un saïs, suivie d'un eunuque à cheval ; enfin, il est impossible de rappeler tout ce que nous vîmes d'intéressant et de curieux pour des Européens qui se trouvent jetés tout à coup au milieu d'une civilisation si différente de la leur.

Nous nous rendîmes aussi au bazar des orfèvres, grand hangar couvert de roseaux, traversé de petites rues où l'on passe difficilement deux de front, et qui ne reçoivent le jour que par des trous pratiqués dans la couverture, de sorte que, en entrant de la rue dans ce bazar, on est frappé par tous ces rayons lumineux, également distancés dans la pénombre. Les bijoutiers arabes n'ont jamais rien en montre, ils enferment tout dans des caisses, aujourd'hui des coffres-forts, et il faut demander chaque chose l'une après l'autre. On ne voit donc, en réalité, que le travail en main : ce sont des boucles d'oreilles, de forts bracelets en argent, semblables aux bracelets antiques, sans fermoir autre que la malléabilité du métal, qui permet de le serrer autour du poignet.

Lorsque l'on désire quelque objet, il faut d'ordinaire le commander.

Nous sortîmes, assez heureux de respirer l'air pur, car, dans ces endroits, il est rarement changé.

Nous prîmes une voiture pour parcourir le vieux Caire, et, tout d'abord, voir la mosquée d'Amrou.

Cette mosquée date du milieu du septième siècle ; il n'en reste plus que les portiques, dont les colonnes, les chapiteaux et les bases sont en marbre, et enlevés à des monuments romains. Le portique du sanctuaire compte six rangées de colonnes sur une longueur de 80 mètres ; les arcs sont déjà à double courbure. Cette mosquée fut, dit-on, une des plus somptueuses que l'on éleva au Caire ; l'or, les peintures, les tapisseries les plus riches, rien n'avait été épargné ; mais il ne reste aujourd'hui aucune trace de cette belle décoration arabe. Elle est entièrement aban-

donnée et ne sert plus que d'abri aux voyageurs et à quelques familles arabes qui vivent de
ce que leur donnent les visiteurs.

Le vieux Caire nous montre une église chré-
tienne très-ancienne.

Cette église possède une crypte fort intéres-
sante comme disposition : elle se compose d'une
petite nef et de collatéraux voûtés en berceau,
dont les arcs, de hauteur d'homme, reposent sur
des colonnes. Le bedeau vous raconte que c'est là
que vint se réfugier la Vierge lors de la fuite en
Egypte, et l'on vous montre la crèche dans laquelle elle allaita le Christ. Dans la partie haute
de l'église existe une cloison à jour séparant le
chœur de la nef. Cette cloison est un chef-d'œuvre
de patience et de menuiserie. Ce sont des formes
géométriques composant des étoiles, et, dans les
parties pleines, les intervalles des lignes sont in-
crustés d'ivoire. La charpente, apparente, est ancienne. Quelques tableaux, anciens aussi, meu-
blent la nef.

Après avoir passé trois jours à admirer les monuments, à courir les rues, les bazars, où à chaque
pas l'œil est distrait par quelque intérêt nouveau,
nous nous embarquâmes sur un bateau à vapeur
que le vice-roi avait mis à la disposition de M. de
Lesseps, et nous remontâmes le Nil en compagnie
d'une nombreuse société. Nous allions à l'antique

Memphis visiter les fouilles faites par M. Mariette.
Il nous fallut deux heures pour atteindre Saccarah. Le panorama des rives du Nil les fit s'écou-
ler rapidement. Là, nous enfourchâmes des baudets envoyés la veille, et toute la caravane s'a-
chemina vers Memphis : charmante excursion à
travers des bois de palmiers, par un temps
superbe ; puis des terres labourées, des prairies
d'un vert éclatant, une végétation luxuriante,
et cela au mois de février. Je me rappellerai
longtemps une charrue attelée d'un chameau
et d'un buffle. Chemin faisant, nous rencontrâmes
une statue colossale renversée, puis, quittant la
forêt pour les sables et les dunes, nous chevau-
châmes pendant une heure sous un soleil ardent.
Bientôt nous arrivâmes aux décombres de l'ancienne capitale de l'Égypte. Une vingtaine de
pyramides nous la signalaient, témoins ineffaça-
bles de l'antique splendeur de la ville des Ptolémées. Enfin, par une pente qui porte encore les
traces de degrés, nous descendîmes dans une
vaste galerie souterraine creusée dans le roc en
forme de berceau. C'étaient là les tombeaux des
bœufs Apis. Des torches, portées par des Arabes,
éclairaient nos pas ; l'effet en était saisissant. Sur
cette galerie s'ouvraient, de chaque côté, des
chambres dont chacune renfermait une tombe en
granit rose ou noir de dimension colossale et

d'un seul bloc. Toutes sont couvertes d'hiéro-
glyphes. Quels engins ont dû employer les
Égyptiens pour amener. de telles masses à cette
profondeur !

De là, nous allâmes visiter le tombeau d'un
prêtre, tombeau découvert récemment et dont
toutes les parois sont décorées de bas-reliefs re-
présentant les principales scènes de la vie du défunt et les sacrifices que devaient accomplir les
parents à certaines époques de l'année pour le re-
pos de son âme.

Ces bas-reliefs d'une extrême délicatesse ont
très-peu de saillie, les têtes sont fines et pleines
d'expression : les animaux surtout sont très-bien
représentés. Ce tombeau a la forme d'un temple :
c'est une salle divisée par quatre piles carrées
sur lesquelles reposent les linteaux. De larges
dalles portant d'un linteau sur l'autre ou sur le
mur, couvrent cette espace ; au fond est une ou-
verture par laquelle les parents qui se tenaient
dans une chambre voisine regardaient dans l'intérieur.

Voilà tout ce qui reste de Memphis.

En sortant de là, nous allâmes goûter un repas
frugal dans l'habitation que s'est fait élever M. Mariette pour diriger les fouilles, et qui renferme
un grand nombre de fragments curieux. Nous
reprîmes ensuite la route de Saccarah au galop.

de nos montures, et, deux heures après, le bateau
nous descendait au Caire après avoir assisté à
un coucher de soleil resplendissant. Tout ce qui
était éclairé était d'or et se détachait sur un fond
de couleurs empourprées; les ombres, bleues, à
l'horizon, étaient foncées au premier plan ; le ciel
prenait des teintes vert d'eau. Jamais je n'avais
vu de pareilles harmonies de tons.

Le lendemain nous partions pour Suez.

V

Le train qui nous emportait vers la mer
Rouge traverse le désert presque au sortir de
la ville et ne le quitte qu'à la mer. Les stations
sont représentées tout le long de la route par des
poteaux kilométriques.

Le premier aspect du désert est saisissant : cette
plaine de sable, où rien n'arrête l'œil, cette
étendue qui vous rapetisse tant, forment un beau
spectacle dont toutefois on se lasse vite, en wagon, du moins.

Ce tableau monotone est traversé par une caravane (elles sont devenues rares), qui se déta-

che en ombre chinoise sur cette grande nappe
jaune.

Nous aperçûmes une troupe de vautours attablés à un chameau qu'une caravane avait aban-
donné ; le squelette de cet animal est bientôt blan-
chi à l'ardeur du soleil et ses restes servent de ja-
lons aux voyageurs pour se diriger sur cet Océan
de sable.

Suez, où nous arrivâmes, n'est pas encore bien
important. C'est une petite ville neuve, bâtie à
l'entour d'un village arabe qui est devenu un
quartier de cette ville presque européenne. La
population est composée d'ouvriers français et
anglais des Compagnies de ces deux nations qui
exploitent les Indes et la Chine. Suez est le lieu
de réunion et le point de départ des pèlerins
arabes ou mahométans quelconques qui font le
pèlerinage de la Mecque : ces malheureux viennent s'embarquer sur de mauvais bateaux où ils
s'empilent par centaines, et qui très-souvent nau-
fragent avant d'arriver. D'ailleurs l'Arabe fataliste
ne redoute pas ce voyage, car s'il périt en l'accom-
plissant, les parents regardent sa mort comme un
signe de faveur de la providence ; il va droit en
paradis.

L'hôtel où nous descendîmes était desservi par
des domestiques indiens. Les hommes de cette
race sont généralement petits, maigres, sans

formes bien accusées ; les traits toutefois assez fins, l'œil brillant, la peau d'un brun sépia, des cheveux plats, longs, et d'un noir de jais.

Suez ne nous offrant rien à visiter, nous cherchâmes en mer la distraction qui nous manquait à terre. Nous nous rendîmes au bassin de radoub que le vice-roi faisait construire pour la réparation de ses navires. Ce travail excessivement intéressant à cause des difficultés qu'il a fallu surmonter pour le mener à bonne fin, fut confié à M. Stœcklin, ingénieur des ponts et chaussées de France. Le bassin construit en mer a été relié à la terre par une voie ferrée établie par enrochement.

De là, la chaloupe qui nous avait pris à Suez nous porta à bord du *Tigre*, un des plus grands bâtiments des Messageries faisant le service de la Chine ; nous déjeunâmes à bord. Les matelots y sont Français, les chauffeurs nègres, et les domestiques Chinois. Pendant le repas un Chinois nous donnait de l'air au moyen d'éventails.

On fit, après déjeûner, ranger en ligne tous les Chinois, qu'on passa en revue. Ils avaient les cheveux nattés et pendant jusqu'à terre. Ils sont très-propres, gais, adroits et excessivement joueurs. Le jeu de dominos occupe, à ce qu'il paraît, tous leurs instants, et, malgré la surveillance, ils parviennent toujours à s'en procurer.

Du *Tigre*, nous nous rendîmes à bord de *l'Impératrice*.

Ce navire devait essayer ce jour-là son arbre de couche réparé. Nous en profitâmes pour faire une promenade dans le golfe Arabique. Nous allâmes aussi mettre le pied en Asie et voir une oasis qui porte le nom de fontaine de Moïse.

C'était le Beyram, ou jour de Pâques chez les Arabes ; c'est aussi pour eux un grand jour de fête. Dès le matin nous entendîmes des bruits de timballes, des cris de joie, des pétards et autres pièces d'artifice. Ils mettent des vêtements tout neufs et sont d'une propreté rare.

Nous rencontrâmes des nègres dansant aux sons d'un arc à plusieurs cordes, orné de panaches rouges, et d'un tambour sur lequel ils frappaient de la main ; des embarcations sillonnant le port et laissant échapper des nuages de fumée ; les navires turcs étaient pavoisés.

Nous nous embarquâmes sur un petit vapeur tirant à la remorque une barque montée de quatre indigènes. Nous fûmes menés dans le port et de là sur la côte d'Asie. Au moment où nous passions devant les vaisseaux turcs, il était midi, et une salve de plusieurs coups de canon accueillit le milieu du jour sur chaque navire. C'était superbe ; on eût dit d'un combat naval.

Les rives de la mer Rouge sont très-plates et par

conséquent ne permettent pas aux barques ou bateaux de les aborder. Aussi fûmes-nous obligés de descendre dans le canot pour approcher de terre. A cent mètres du rivage le canot touchait la roche ; les bateliers prirent mes compagnons sur leurs épaules pour les déposer sur le sable ; j'ôtai mes chaussures et sautai à l'eau qui était chaude. Le sable est semé de coquilles en quantité innombrable. Nous marchâmes encore pendant trois quarts d'heure pour arriver à l'oasis.

Il est curieux de rencontrer, au milieu du désert, un coin de végétation qui ne doit son existence qu'à une source, ou plutôt une mare dont la surface est ridée par un faible bouillonnement. Palmiers, dattiers, sycomores, rosiers, légumes et fruits, tout y est réuni. Un vieillard, possesseur d'une nombreuse famille, cultive ce jardin où il trouve de quoi suffire à ses besoins. Il nous faisait l'effet d'un patriarche de l'Ancien-Testament.

Après nous être reposés quelques instants à l'ombre, nous reprîmes la route que nous avions suivie le matin et fûmes de retour à Suez le soir. Pendant le trajet, nous vîmes nos bateliers se tourner la face vers l'Orient et faire successivement leurs ablutions et leur prière sur un banc de la barque. Nous fûmes frappés de cette foi profonde qui ne se dément jamais.

Le lendemain nous quittions Suez à deux heures de l'après-midi pour gagner la Méditerranée par le canal.

VI

Le canal maritime qui doit relier la Méditerranée à la mer Rouge n'arrivant pas encore à Suez, nous prîmes par le canal qui amène l'eau douce du Caire, canal également percé par la compagnie de l'Isthme et racheté par le vice-roi. Une fois engagé dans cette voie, on n'aperçoit plus que du sable, le désert d'un bout à l'autre sillonné par des dunes et arrêté du coté de Suez par les montagnes de l'Attaka.

Embarqués à bord d'un petit brick appartenant à M. de Lesseps, nous fûmes remorqués par un vapeur jusqu'à Schalouff, campement d'ouvriers. Les derniers feux du jour nous permirent de voir encore les tranchées faites pour recevoir l'eau des mers.

Nous traversâmes ensuite le campement composé de baraques en planches, régulièrement placées et alignées. Là se trouvent réunis des gens de toutes nations : des Arabes, des Grecs, des Dal-

mates, des Italiens, des Espagnols, des Français ;
toutes les côtes de la Méditerranée auront fourni
leur contingent pour ce travail. Nous dinâmes
dans ce campement avant de passer la nuit dans
notre goëlette, veuve de son remorqueur, pour
lequel le canal n'avait plus assez de fond, et
qui fut alors remplacé par des mules. Notre
bâtiment était dirigé par des Grecs. Nous n'a-
vons jamais rencontré de plus grands brail-
lards que ces gens-là. Ajoutez que leur langage
est excessivement rapide, de sorte qu'on eût dit du
bruit d'un moulin. A chaque instant nous risquions
d'accoster une des rives, vu le peu de largeur du
canal.

Nous nous trouvions installés dans une petite
cabine où l'on pouvait tout juste se tenir debout ;
nous y passâmes la nuit. Le lendemain matin, le
paysage était toujours le même, sauf l'horizon qui
n'était plus arrêté par les montagnes ; du sable de
tous côtés, devant nous l'eau du canal, de temps à
autre, un relais de mule ; bientôt nous touchions
au Sérapéum, nom donné à un deuxième campement. M. de Lesseps y avait fait amener ses chevaux pour varier un peu le mode de locomotion
qui ne manquait pas d'une certaine monotonie.
Nous fîmes une charmante course à cheval à travers le désert, où l'on pouvait se livrer à toutes les
fantaisies possibles, n'étant gênés ni par les voi-

tures, ni par la foule. Parfois nous nous lancions
au galop et nous courions avec une rapidité telle
que nous ne respirions plus. Nos chevaux fran-
chissaient les dunes sans les toucher; je ne sais
comment s'y prirent nos saïs, toujours est-il qu'à
pied ils nous précédèrent à Ismaïlia où nous arrivâmes.

Ismaïlia, quartier-général des travaux de
l'Isthme, est comme tous les points du canal, une
plantation d'abris, en bois pour la plupart, qui
ont quelque analogie avec les chalets suisses.
Les rues sont tirées au cordeau ; on remarque
une place sur laquelle on a planté quelques arbus-
tes, à qui il ne manque que de l'eau pour croî-
tre ; aussi de loin croirait-on voir un jardin comme
en font les enfants avec des brindilles. Espérons
que petit square deviendra grand, pourvu que
Dieu lui prête l'eau.

C'était le jour du carnaval : quelques jeunes
ouvriers français et italiens avaient revêtu des
costumes d'almées et faisaient retentir l'air de
leurs cris. Nous reprîmes notre barque le lendemain matin ; nous avions encore une journée entière à y passer. En sortant d'Ismaïlia nous quittions le canal d'eau douce pour prendre le canal
maritime. J'avais cru rencontrer une large tranchée remplie d'eau ; mais on n'est pas encore si
avancé. Ce canal, qui un jour doit avoir cinquante-

six mètres de large à sa surface, quatorze mètres de profondeur, et vingt-deux mètres de plafond, n'a encore que quinze à vingt mètres de largeur tout au plus, sur une profondeur très-faible ; il suffit de dire que plusieurs fois, nous fûmes engravés soit à droite, soit à gauche, et notre barque, qui ne tirait que quatre-vingts centimètres d'eau, toucha le fond.

Au confluent du canal d'eau douce et du canal maritime, nous rencontrâmes un campement des plus intéressants ; c'est ce qu'on nomme le *Seuil.* Les sables y forment des dunes si élevées que l'eau du canal se trouve encaissée dans une vallée de vingt-deux mètres de profondeur.

Des locomotives sillonnent le Seuil pour en tirer les sables et les porter en arrière par des pentes douces ; des dragues coupent des tranches de sable pour en emplir les wagons. Dominant cette vallée un grand atelier de réparation de machines est entouré de baraques qui abritent les ouvriers, tout cela isolé, au milieu du désert ; on n'entend que le sifflet de la locomotive et le bruit du marteau. Nous parcourûmes ces travaux dans un wagon traîné par la vapeur. Le changement de voie est encore assez primitif : on arrête, et un ouvrier descend et pousse le rail sur lequel doit s'engager la locomotive.

Le Seuil est le point le plus curieux du canal

par les obstacles qu'il y eut à vaincre pour faire
la tranchée et l'intelligence déployée par l'entre-
preneur. Jusqu'à Port-Saïd, on ne s'arrêta que
pour changer de mules. Le pays que nous parcou-
rions était toujours le même, sans aucun accident
de terrain; quelquefois on croisait une barque grecque chargée de vivres pour ravitailler les diffé-
rents campements. C'est, pour le moment, le seul
commerce qui se fasse dans l'Isthme ; aussi la
nourriture y est-elle fort chère. Enfin nous arrivâmes aux lacs amers, où le canal atteint sa vraie
largeur à cause du voisinage de la mer qui en-
vahit continuellement, mais qui malheureusement
aussi engrave le canal des terres qu'elle a minées.

A mesure que nous en approchions, des goë-
lands planaient au-dessus de nos têtes et chas-
saient dans le canal, plongeant tout à coup dans
l'eau pour y pêcher le poisson qu'ils avaient
étourdi. Ne sachant que faire sur la terrasse de
notre cabine, nous tirions sur ces malheureux oiseaux à coups de fusil, ce qu'un Arabe ne ferait
jamais, car il a un très-grand respect pour la
créature ; même un enfant ne songerait pas à jeter
une pierre à un moineau.

Le spectacle des lacs amers est très-beau,
surtout au soleil couchant, par le grand nombre
d'oiseaux qui les habitent. Nous vîmes une nuée de
flamands tracer dans le ciel des courbes tantôt rou=

ges, blanches ou noires; des grues en quantité innombrable, qui ressemblaient par leur vol à autant de morceaux de papier brûlé emportés par le vent; des pélicans passant au-dessus de nous, la tête courbée sur leur dos; des poules d'eau qui paraissaient des taches d'encre sur le lac.

Nous fûmes surpris par l'effet du mirage qui se produisit sur notre droite jusqu'à la tombée du jour. A Kantara, dernier relai, un vapeur nous prit à sa remorque jusqu'à Port-Saïd, où nous arrivâmes à huit heures du soir. Nous avions donc mis deux jours et demi et une nuit à passer de la mer Rouge à la Méditerranée.

Port-Saïd est de fondation toute récente; la première maison y fut élevée en 1859. Ce sont comme à Ismaïlia des chalets bâtis sur pilotis; les Arabes y ont aussi leur quartier, mais ils ne logent que dans des huttes en paille. Port-Saïd est le dépôt de toutes les machines destinées à l'achèvement du canal : dragues, grues, machines à vapeur, pompes, chalands, un matériel des plus considérables s'y trouve amoncelé. Des ateliers très-bien organisés sont destinés à la réparation de ces machines.

Nous parcourûmes les ateliers, les chantiers, le quartier arabe, le marché, avec beaucoup d'intérêt.

Du haut de son phare Port-Saïd a l'aspect
d'une grande ville manufacturière, coupée par
des canaux. On prétend que le port que l'on y
fait en ce moment est appelé à remplacer celui
d'Alexandrie dont l'entrée est fort difficile ; l'avenir
en décidera. Nous avons assisté à un travail re-
marquable : c'est l'immersion de blocs de béton,
d'un volume considérable, destinés à former la
jetée qui s'avance dans la mer pour garantir
l'entrée du port.

Chacun de ces blocs, immergé, revient à la
somme de 400 francs ; or, pour les deux jetées il
en faudra vingt-cinq mille.

Trois de ces blocs sont placés sur un large chaland dans une position inclinée ; ils pèsent sur des
chevilles en fer fixées à une tringle et mainte-
nues verticalement par un anneau. On mène
le chaland à l'endroit où ils doivent être noyés,
on fait sauter l'anneau, les chevilles s'abaissent
brusquement et les blocs glissent à l'eau. Le
chaland oscille et revient à sa position.

Ce qui étonne c'est l'inclinaison que prend le
chaland au moment de l'immersion, il semble
un instant que ceux qui le montent sont précipi-
tés à l'eau, mais la rapidité avec laquelle ce large
bateau se redresse est telle qu'on demeure en
place et sans avoir même besoin de se retenir.

Nous quittâmes Port-Saïd après une journée

de séjour pour prendre le chemin du Caire par autre voie.

La même barque qui nous avait amenés nous reprit sur le canal et nous y passâmes la nuit pour regagner Ismaïlia.

VII

A Ismaïlia on quitte le canal maritime pour prendre celui d'eau douce qui descend du Caire.

Nous touchâmes bientôt une des plus belles provinces de la basse Égypte, El Oueddy. Naguère couverte de sable, cette province est devenue fertile par la création du canal d'eau douce qui permit d'arracher aux sables la richesse que renfermait le sol. Nous fûmes frappés à un moment, par la vue d'un arbre couvert de points blancs que nous prenions pour des fleurs ; mais en approchant nous vîmes s'élever une nuée d'ibis blancs que le bruit de notre barque avait dérangés. Cet oiseau, très-respecté des Arabes, est tout à fait domestique. Il vient becqueter sa nourriture jusque sous la faucille du cultivateur.

Tout le long de ce canal nous avons joui d'un tableau charmant : du monde sur la route qui

longe sa berge, des villages, des prairies su-
perbes, des bouquets d'arbres, des oiseaux de
toute espèce s'ébattant sur les rives. Nous ne
pouvions assez admirer ce spectale ; la barque
allait pourtant bien lentement ; mais l'eau sta-
gnante du canal nous paraissait avoir un courant
rapide qui nous emportait.

Nous arrivâmes à Zaggazig.

C'était le 21 février, la chaleur était tropicale.

Zaggazig est déjà une ville importante de
l'Égypte ; mais son aspect est celui d'un gros village, les maisons y étant toutes construites en pisé,
formé de limon du Nil et de tessons de poteries,
le tout chaîné par des branchages. Le canal que
nous quittions pour prendre la voie ferrée, passe
sous plusieurs ponts assez élevés et d'un heureux
effet comme pittoresque.

Nous nous arrêtâmes trois heures en attendant
le départ du train. Toutefois, comme la chaleur
était très-grande, et qu'il n'y a pas de salle d'attente, (les Arabes s'installant à l'ombre des wagons) nous entrâmes dans le bureau télégraphi-
que, je veux dire une grange où les oiseaux
viennent nicher comme en plein grenier.

Un large divan en pierre recouvert de cous-
sins aplatis nous permit de nous reposer à
l'ombre.

Tout à coup nous voyons le monde quitter les

rails et se ranger, sous la baguette d'un saïs pré-
cédant une locomotive qui ralentissait sa marche
en entrant dans la gare. Et on ne parle jamais
d'accident !

Les wagons qui transportent les Arabes sont de
deux sortes : les uns complétement découverts,
les autres dont la toiture repose sur de légers
points d'appui. Ce sont de longues caisses portées
sur huit roues.

On croirait que les trains attendent qu'ils
soient complets pour partir, car l'heure fixée
était midi, et nous ne quittâmes Zaggazig qu'à
trois heures.

Nous fûmes rendus au Caire le soir.

VIII

Le lendemain, notre premier soin fut d'aller aux
pyramides. Muni de provisions, on se rend au Nil
en voiture ; une grande barque chargée des baudets vous jette sur l'autre rive, au pied du village
de Gizeh qui a pris son nom de la plus grande des
pyramides. Nous enfourchâmes nos bêtes, et après
une heure de course à travers un bois déli-

cieux, nous atteignîmes des prés, puis les sables.

Il nous fallut encore une heure pour arriver à un village situé à quelques centaines de mètres de la pyramide. Ce village est habité par une tribu arabe responsable de la vie de tous ceux qui viennent de ce côté.

Aussi sortent-ils en masse de leurs tanières dès qu'ils aperçoivent quelque étranger, pour offrir leurs services. Après un modeste repas pris sur la première assise de la merveille du monde, entouré d'Arabes qui faisaient cercle et semblaient attendre leur proie, j'entrepris l'ascension. Ce monstrueux tétraèdre de cent cinquante-trois mètres d'élévation, est construit d'assises de pierre qui se retraitent les unes sur les autres. Ces assises n'ont pas moins de un mètre trente centimètres de haut. Aussi, après avoir essayé d'en gravir plusieurs, me livrai-je aux Arabes, qui me firent escalader la pyramide.

J'avais chaque main prise par un guide et plusieurs autres me poussaient par derrière.

Pour monter plus rapidement, ces gens, dont le costume ne se compose que d'une chemise longue serrée autour des reins et d'une calotte blanche sur la tête, prennent entre les dents le bas de leur chemise, ce qui leur met les jambes à nu et facilite le mouvement des genoux; de plus, ils cadencent l'escalade par ces quelques paroles à l'adresse du visiteur : *Bono Francesse, donner bon backchich ; Arabe bien content ; bono Francesse donner bon backchich, Arabe bien fatigué.*

Backchich est le grand mot des Arabes, les enfants l'apprennent à la mamelle, on le fait répéter aux jeunes filles pour voir leurs belles dents ; cela veut dire : salaire, pourboire, aumône quelconque.

Hissé de la sorte, j'arrivai quelque peu essoufflé, je l'avoue, à une plateforme carrée qui n'a pas moins de sept mètres de côté ; j'avais mis un quart-d'heure à l'atteindre : le sommet de la pyramide n'existe plus, les assises en sont tombées. Un gamin nous avait suivis, une gargoulette pleine d'eau à la main ; il me la présenta pour me rafraîchir. J'admirais le panorama : un Arabe parlant un peu le français et m'indiquant la plaine, me dit : *Bono Francesse, Sultan·Bonaparte gagner là bataille pyramide ; quarante siècles vous contemplent.* Je ne pus m'empêcher de rire, puis il me tendit la main réclamant·le backchich dont il m'avait indirectement entretenu pendant l'ascension. Je refusai, le lui promettant après la descente.

Alors, par une pantomine charmante, accompagnée de son français, il me fit comprendre que lorsqu'on venait au Caire ou à Alexandrie on ne craignait pas de jeter l'argent, mais qu'aux Pyra-

mides on fermait ses poches de peur d'en laisser tomber la moindre monnaie.

Convaincu par cet argument qu'il termina par une grimace expressive, je me rendis ; un cri de hourrah accueillit le backchich, et chacun des Arabes me remercia en ces termes : *Toi bono Francesse, Arabe bien content*; jusqu'au gamin qui me tendit sa gargoulette sans rien réclamer. Ils me présentèrent ensuite la pointe d'un couteau pour que j'inscrivisse mon nom sur la pyramide, ce que je négligeai de faire, d'autant plus que les rusés replâtrent chaque année les noms inscrits. Je leur en fis la remarque, ils se mirent à rire en fermant leur couteau.

— Je ne pouvais me lasser du splendide tableau qui se déroulait sous mes yeux : au fond, le Caire, ses coupoles, ses aiguilles et toutes ses terrasses traversées de filets noirs qui indiquent ses rues étroites ; puis le Nil traçant un sillon d'argent entre la ville et la campagne luxuriante de végétation ; enfin le désert et à vos pieds le Sphinx, majestueusement couché au milieu des sables, et gardant la porte du temple qui lui est consacré.

Un seul palmier, égaré là, ombrage ce temple ; à droite les trois autres pyramides ; à gauche, la plaine, derrière soi, la solitude du désert.

Après m'être rassasié de ce magnifique panorama, je redescendis, bondissant de gradin en gradin.

Une fois en bas, un Arabe monta sur la pyramide en quatre minutes, montre à la main. Quelle souplesse et quelle agilité chez ces gens ! Il sautait de marche en marche comme une chèvre ; nous lui donnâmes backchich quand il fut descendu, conclusion de presque tout ce que nous voyions.

Au Caire, nous reçûmes la visite de S. E. Nubar-Pacha, l'un des ministres de S. A. le vice-roi, qui nous entretint longuement de l'Égypte, de son commerce, de son avenir et de toutes choses intéressantes dont il parlait en bon français et avec beaucoup d'esprit, de facilité et d'intelligence.

Il offrit à diner pour le soir. Arménien d'origine, il est chrétien et laisse voir sa femme aux Européens. Elle présida le repas, servi à l'européenne, dans un appartement où il n'y avait d'égyptien que les divans. Après le repas, on passa au salon, où l'on fuma dans des pipes magnifiques ; les fourneaux étaient garnis de vermeil et les bouquins d'ambre enrichis de pierreries. Des musiciens firent entendre des sons auxquels il faut être habitué pour les trouver beaux : c'était un jeune garçon chantant une complainte et accompagné par une sorte de violoncelle à une corde, qui rend un son semblable au bourdonnement d'une grosse mouche, un luth d'un nombre de cordes considérable et une flûte. Quoique joués par des profes-

seurs, ces instruments ne produisirent aucun effet ; la musique n'était peut-être pas appropriée à leur caractère.

Le 25, je parcourus encore les rues, arrêté à chaque instant par quelque chose de nouveau.

Il avait plu pendant la nuit ; les rues n'étaient plus praticables que pieds nus ou à baudet ; cette poussière s'était transformée, en très-peu de temps, en une boue épaisse et profonde qui vous eût couvert jusqu'à la cheville si l'on eût circulé à pied. Je rencontrai mille choses encore que je n'avais pas remarquées ; les grillages en bois attirèrent surtout mon attention par la variété de leurs formes et la simplicité de leur façon ; toutes les maisons en possèdent. Les encadrements de porte, les serrures, d'une naïveté toute primitive, les arabesques des portes, les échappées par lesquelles je pouvais entrevoir une cour intérieure, les croisées des mosquées offrent les plus riches dessins.

Là je regardais un homme, assis en tailleur sur une tablette supportée par une potence en fer et en dehors de la boutique, forer des tuyaux de pipes au moyen d'un violon.

Ici un indigène, chargé d'une outre et arrosant la chaussée en portant une grande amphore sur le dos en criant : Moïeh ! (de l'eau), qu'il verse dans des soucoupes en cuivre. Je vis une porte gothique du quatorzième siècle à la mosquée El-Azhar, une école où les enfants assis balançaient leur corps en épelant ; enfin je trouvai un café arabe.

Cet établissement se compose d'une chambre rectangulaire recevant le jour de la rue par la porte, dont il n'existe que le bâtis, et par une arcade ouverte de chaque côté de ce bâtis. La façade présente donc une triple arcature. Le long des parois latérales règne un divan, un simple banc de bois qui a revêtu les tons les plus respectables et sur lequel sont accroupis, avec dignité, comme des marchandises à l'étalage, des Arabes devisant entre eux, causant affaires, fumant ou écoutant un de ces fameux conteurs dont les récits sont émaillés d'images et ne roulent que sur des légendes. Je pris une tasse de café de la contenance d'un verre à liqueur, supportée par un coquetier qui sert à tenir la tasse et vous empêche de vous brûler.

Le café arabe se fait du grain concassé qu'on échaude d'eau bouillante. Le liquide est, de cette façon, un peu trouble et ne laisse pas que d'avoir un certain parfum plus agréable que le café que nous buvons d'ordinaire.

J'entendis encore des musiciens ambulants ; c'était un vieillard accompagné d'un enfant. L'enfant jouait de castagnettes en cuivre et dansait ; le vieux frappait de ses doigts une peau tendue sur une espèce de vase en terre.

J'étais tellement étonné de tout ce que je voyais
que souvent l'originalité tint lieu d'intérêt.

Je continuai ma course à travers ce dédale de
rues et tombai devant une caserne dans la cour
de laquelle des soldats faisaient l'exercice. L'ar-
mée égyptienne a, comme uniforme, beaucoup de
rapport avec la nôtre. L'infanterie porte à peu
près la même tenue que nos zouaves, sauf la couleur du vêtement, qui est en coutil gris bordé de
galons orange.

Les officiers ressemblent, quoique blancs de
figure, à des singes habillés. Leur tenue se compose d'une tunique bleu de roi à jupe plissée,
d'un pantalon qui fut blanc lorsqu'il était neuf, et
qui ne vient qu'aux chevilles, sans doute pour
faciliter la marche. Ils ont la tête couverte du fez,
les épaulettes d'argent, d'affreux souliers, et sont
armés d'un sabre dont on se ferait une ceinture
tant il est courbe.

Les soldats sont Égyptiens, les officiers Turcs ;
l'un déteste donc l'autre. Toutefois, la bastonnade
a été supprimée du code pénal militaire. Il
existe de ces fantassins montés sur des droma-
daires. J'en vis quelques-uns. Il est singulier de
lever les yeux sur ces troupiers perchés au haut de
leur monture, et qui, même dans les rues étroites
et remplies de monde, poussent leurs bêtes au
grand trot. D'ailleurs la soldatesque, en Égypte,

se croit tout permis, surtout les postes de police, dont les agents sont d'une brutalité sans pareille.

Je rencontrai, plus loin, des individus habillés d'une robe grise et liés deux à deux par des chaines aux pieds : c'étaient des galériens qu'on menait au travail, des soldats qui avaient volé.

Le soir, je sortis encore, mais il était difficile de circuler dans les rues du Caire. Ni gaz, ni lanternes ! La Grand'rue seule est éclairée par les lampes que les Arabes accrochent à leur auvent et dans lesquelles brûle une mèche noyée dans l'huile, de vrais lampions dont la flamme inconstante jette des reflets étranges sur tout ce qu'elle éclaire. En outre, les chiens, à l'état sauvage, courent par bandes dans les rues et se chargent d'enlever les ordures que l'on y jette; c'est le seul mode de nettoyage. Ils sont dangereux à rencontrer lorsque l'on n'est pas armé d'une forte canne. Nous ne pûmes aller plus loin, et c'était pour la dernière fois que nous venions de ce côté, car nous reprenions la route d'Alexandrie.

Nous traversâmes en chemin de fer grand nombre de villages et de villes dont les plus importants sont Tanta et Kaferzaïa.

Tanta est le siége chaque année de deux grandes foires qui s'y tiennent au mois de juillet et au mois de novembre, et qui amènent un grand nombre de commerçants. Cette foire dure huit jours. Il faisait nuit lorsque nous arrivâmes à Kaferzaïa.

Une jeune fille, moins farouche que celles que nous avions vues jusqu'alors et le visage découvert, vint au wagon, nous offrit des oranges d'une façon très-aimable, puis, comme nous descendions de voiture, elle nous demanda de quoi faire une cigarette. Fumer pour une femme est chose commune en Orient. On vend aussi des cannes à sucre et de l'eau pour se rafraîchir. Nous étions à Alexandrie le soir, nous y passions la journée du lendemain. Malgré le plaisir que j'avais à revenir en France, je regrettais beaucoup de ne pouvoir séjourner plus longtemps sur cette terre d'Égypte où il restait tant de choses curieuses et intéressantes à voir. Mais je partis avec l'espoir de revenir un jour et d'approfondir tout ce qui m'avait passé sous les yeux avec tant de rapidité.

Nous nous embarquâmes le soir même à bord du *Saïd* pour être installés avant l'arrivée du reste des passagers ; les uns venaient de l'Inde, d'autres de Cochinchine, d'autres d'Égypte ; presque toutes les nations se trouvaient représentées.

En deux heures tout était embarqué.

On leva l'ancre.

Nous eûmes de la peine à sortir du port, vu le peu d'ordre qui y règne, chaque navire mouillant où il veut. Aussi notre bâtiment eut-il à subir

une avarie qu'on répara avant de prendre la mer.
Celle-ci était assez forte; nous restâmes quatre
jours sans voir terre. Une frégate anglaise nous
croisa.

Le 1ᵉʳ mars, en vue du détroit de Messine, nous
fûmes enveloppés par un épais brouillard qui ne
permettait pas même aux personnes du bord de
voir l'avant du navire. Quoique en bonne direc-
tion, on stoppa de crainte de quelque accident, car
on avait vu plusieurs voiles devant nous. Enfin,
au bout d'une demi-heure, le brouillard se dissipa,
et le soir, à neuf heures, nous étions dans le port
de Messine, par un clair de lune resplendissant.

Nous y restâmes jusqu'à minuit; puis, passant
entre les deux récifs de Charybde et de Sylla,
nous ne vîmes plus que l'eau et le ciel jusqu'au
dimanche matin. En traversant le détroit de Bonifacio, nous aperçûmes Caprera, l'île de la Made-
leine, Bonifacio et Ajaccio.

Enfin, le lundi, à huit heures du matin, nous
entrions dans Marseille.

Nous visitâmes la ville aussitôt débarqués, et à
onze heures, nous prenions le chemin de fer qui
devait nous rendre le lendemain à Paris.

Une seule chose nous manqua au retour, c'était
le ciel et le soleil d'Égypte.

Ce rapide voyage, trop promptement exécuté
pour permettre de longues investigations et des

études approfondies, n'a pas laissé que de m'impressionner vivement. On ne foule pas en vain, même pour un instant, cette terre classique du mystère et de l'antique civilisation ; tous les grands faits comme tous les grands noms de l'histoire qui ont eu l'Égypte pour théâtre, se pressent à la pensée et vous rendent rêveur ; les rois Pasteurs, les Pharaons, les Ptolémées, les Israélites, Moïse, Sésostris, Cambyse, Alexandre, Pompée, César, Cléopâtre, les Califes, les Mameluks, Saint-Louis, les Croisés, Kléber et surtout Bonaparte qui les domine tous, Hérodote, Pythagore, Platon, la bibliothèque et l'école d'Alexandrie, Saint-Athanase, les solitaires de la Thébaïde, chacun vient à son tour représenter à l'imagination une phase de l'histoire de l'humanité, de son esprit, de ses progrès, et aussi de ses vicissitudes.

Et quand on vient à songer que cette vieille terre se régénère sous l'influence européenne, que c'est là surtout que l'Orient se dissout pour se retremper dans les idées nouvelles, que nos mœurs, nos usages, nos lois s'y implantent sous l'influence d'une dynastie de princes éclairés, que la polygamie disparaît, que nos institutions sociales, politiques et financières y trouvent un écho inespéré, que les arts, l'industrie, l'agriculture, la vie laborieuse des peuples des Pharaons y renaissent sous l'impulsion puissante que leur a imprimée Méhémet-Ali et ses successeurs, et qu'enfin la grande entreprise commencée par Sésostris, rêvée par Bonaparte, est en train de recevoir une solution par l'initiative d'un Français généreux, que la coupure de l'isthme va faire, pour ainsi dire, un seul monde de l'Orient et de l'Occident, on ne peut s'empêcher de sentir vibrer violemment toutes les fibres du cœur, car c'est le grand nom de France qui préside à toutes ces œuvres et à tous ces souvenirs.

Ainsi se passèrent ces trente-six jours qui furent pour moi un rêve continu, jusqu'au moment où je repris mes habitudes que je n'avais pas eu le temps de perdre.

FIN

CLICHY. — Imprimerie de MAURICE LOIGNON et Cie, 12, rue du Bac-d'Asnières.